EM SEPARO*, QUÈ HE DE FER?

EM SEPARO*, QUÈ HE DE FER?

LES 50 PREGUNTES QUE ES FAN AMB MÉS FREQÜÈNCIA AL DESPATX DE L'ADVOCAT DE FAMÍLIA

Al meu Mestre, el meu sogre Josep Tulsà Valentí

0. ACLARIMENT PREVI DEL TÍTOL: "EM SEPARO*, QUÈ HE DE FER?"

* Tot i que es tracta d'institucions diferents, a fi de facilitar la lectura, al llarg del llibret s'usen les expressions "em separo", "separació" o "separar-se" per a referir-nos, també, a la nul·litat, divorci o extinció de parella estable. Així mateix, en algun moment s'usen, també, les expressions "divorci" o "divorciar-se" amb igual finalitat.

1. INTRODUCCIÓ.

Segons el Consejo General del Poder Judicial, durant l'any passat, a España, es varen presentar 159 demandes de nul·litat matrimonial civil, 5.840 de separació, 114.019 de divorci i 46.623 de mesures de guarda, custòdia i aliments de fills no matrimonials (parelles de fet).

A més, segons el Consejo General del Notariado, es varen atorgar 6.368 escriptures notarials de separació o divorci.

És a dir, un total de 173.009 trencaments.

A tots els que, al llarg de la seva vida, es trobaran en aquella situació, els donaria 10 consells:

PRIMER: la decisió de separar-se és una de les decisions importants que un pot prendre al llarg de la seva vida. Comprovi que la situació és irreversible; en el sentit de que no és possible reconduir la seva relació.

SEGON: asseguri's de contractar un bon advocat especialitzat en Dret de Família, un advocat de la Societat Catalana d'Advocats de Família (www.scaf.cat) o de la Asociación Española de Abogados de Familia (www.aeafa.es), que sigui mediador i que tingui habilitats cooperatives o col·laboratives. Potser serà una mica més car que un advocat no especialista, però li estalviarà patiment emocional i temps; i a la llarga, cregui-ho, molts diners (en evitar-li posteriors procediments judicials de modificació de mesures o execucions judicials). Recordi que, com diu el nostre refranyer, el barat, surt car.

TERCER: demani al seu cònjuge que contracti, també, un bon advocat especialitzat en Dret de Família. Encara que, d'entrada, pugui semblar-li un mal consell, no ho és. Com més experts siguin tots dos advocats, més fàcil serà que resolguin la seva problemàtica conjugal de comú acord.

QUART: si n'hi ha, protegeixi els seus fills comuns.

CINQUÈ: intenti racionalitzar la situació. Eviti deixar-se portar pels sentiments.

SISÈ: recordi que, tal com diu el refranyer, que és savi, el millor de tots els plets no val un ajust mal fet. Un divorci de mutu acord és més econòmic que un divorci contenciós i li estalviarà patiment emocional i temps. Intenti-ho, val la pena: segons el Instituto Nacional de Estadística, a Catalunya, aproximadament un 75 % dels matrimonis arriben a un acord.

SETÈ: eviti tractar directament amb el seu cònjuge o parella aquelles qüestions sobre les quals no es posen d'acord; acabaran discutint. Deixi-ho per al seu advocat. Parli, únicament, d'aquelles coses sobre les quals no hi ha discussió.

VUITÈ: tracti d'agilitar el tràmit. Alentir les discussions sobre els efectes del divorci no sol comportar cap avantatge; més aviat el contrari, com més s'allargui una situació complicada, pitjor.

NOVÈ: recordi que cada família és un món i que, per tant, tots els divorci són diferents. Eviti comparances amb altres divorcis de parents o coneguts; la majoria de vegades, no són comparables. Recordi que l'objectiu d'un bon advocat de família és confeccionar un vestit a mida per a la seva família fugint de clixés o fórmules estereotipades. Confiï en el seu advocat; i, si deixa de confiar-hi, canviï d'advocat.

I DESÈ: si n'hi ha, reparteixi's el patrimoni. No és aconsellable mantenir béns en comú un cop divorciats. A més i segons com, el seu divorci pot ser una oportunitat de resoldre, també i a més de qüestions patrimonials, qüestions fiscals i hereditàries. Si és el cas, aprofiti-ho: pregunti al seu advocat.

Resumint, vagi a veure a un advocat i millor si és un advocat especialitzat en Dret de Família; per exemple, un advocat del Despatx Tulsà & Quintano Advocats (www.tulsaquintano.com).

L'advocat l'informarà dels seus drets i del què s'ha de decidir en aquestes situacions.

2. Les 5 primeres preguntes...

#1. Ens separem, què s'ha de decidir?

Bàsicament, s'han de decidir 7 coses:

PRIMERA: cas que estiguin casats, si es volen divorciar o, només, separar.

SEGONA: on i amb qui viuran els fills, si n'hi ha, i quan estaran amb cada un dels progenitors.

TERCERA: qui exercirà la potestat sobre els fills.

QUARTA: com es pagaran les despeses dels fills.

CINQUENA: qui usarà l'habitatge familiar amb el seu parament.

SISENA: si s'ha de fixar una prestació compensatòria o alimentària i/o una compensació econòmica per raó de treball a favor d'algun dels progenitors.

I SETENA: com es liquidarà el règim econòmic matrimonial i com es dividiran els béns comuns, si n'hi ha.

#2. I COM ES DECIDIRÀ, TOT AIXÒ?

Hi ha dues possibilitats: o es posen d'acord i signen un conveni amistós o ho haurà de decidir un Jutge al Jutjat després d'un o varis judicis.

#3. POSAR-NOS D'ACORD?

Sí, posant-se d'acord, negociant les qüestions que s'han de decidir i signant un conveni regulador dels efectes de la separació, divorci o extinció de parella estable que es portarà al Jutjat per a que s'aprovi judicialment o, des del 23 de juliol de 2015, tractant-se d'un divorci o una separació i sempre que no hi hagi fills menors d'edat no emancipats o amb la capacitat modificada judicialment que depenguin dels seus progenitors, portant-lo a la Notaria per a que un Notari l'incorpori o el transcrigui en una escriptura notarial de separació o divorci.

Un bon advocat de família l'ajudarà a aconseguir-ho; i més si té coneixements i habilitats en mediació.

#4. MEDIACIÓ? QUÈ ÉS?

La mediació és un procediment no jurisdiccional de caràcter voluntari i confidencial que s'adreça a facilitar la comunicació entre les persones, per tal que gestionin per elles mateixes una solució dels conflictes que els afecten, amb l'assistència d'una persona mediadora que actua d'una manera imparcial i neutral. La mediació, com a mètode de gestió de conflictes, pretén evitar l'obertura de processos judicials de caràcter contenciós, posar fi als ja iniciats o reduir-ne l'abast.

Personalment, crec que és interessant que el seu advocat de família sigui, a més, mediador; com, per exemple, els advocats del Despatx Tulsà & Quintano Advocats (www.tulsaquintano.com).

Pot obtenir més informació dirigint-se al Servei d'Orientació a la Mediació del Col·legi d'Advocats de Girona (www.icag.cat) o al Centre de Mediació de Dret Privat de Catalunya.

#5. ¿PODRÍEM FER SERVIR, PER ESTALVIAR UNA MICA, UN ÚNIC ADVOCAT?

Sí, és possible que sigui un únic advocat el que els assessori a tots dos, cosa que abarateix els costos; tot i que el més recomanable és que cada un tingui un advocat.

3. PRIMER: NUL·LITAT, SEPARACIÓ, DIVORCI, EXTINCIÓ...

#6. ¿QUINA DIFERÈNCIA HI HA ENTRE UNA SEPARACIÓ I UN DIVORCI?

La separació no trenca el vincle matrimonial; és a dir, els esposos continuarien casats i, per tant, no es podrien tornar a casar amb una altra persona, però sí formar una parella estable. I com sigui que el vincle es manté, es podrien reconciliar.

En canvi, el divorci sí que trenca aquell vincle; i els ja exesposos serien lliures per a contraure un nou matrimoni.

Cas que només se separessin i el seu encara cònjuge esdevingués en la més absoluta misèria econòmica, tindria l'obligació legal de prestar-li ajuda.

A més, el seu matrimoni podria ser nul.

#7. NUL?

Sí, nul; civilment o canònica.

Un matrimoni és civilment nul:

I. Si es va celebrar sense consentiment matrimonial.

II. Si es tracta d'un matrimoni celebrat per, com a mínim, un menor d'edat no emancipat o un casat.

III. Si es tracta d'un matrimoni celebrat entre parents en línia recta per consanguinitat o adopció, parents col·laterals per consanguinitat fins al tercer grau o condemnats com a autors o còmplices de la mort dolosa del cònjuge de qualsevol d'ells (llevat dispensa).

IV. Si es va contraure sense la intervenció de Jutge, Alcalde o funcionari o sense la intervenció de testimonis.

V. El que va ser celebrat per error en la identitat de la persona de l'altre contraent o en aquelles qualitats personals que, per la seva entitat, haguessin estat determinants de la prestació del consentiment.

VI. I el que va ser contret per coacció o por greu.

#8. I CANÒNICAMENT?

Tal com es diu a la web del Bisbat de Girona (www.bisbatgirona.cat), les causes de nul·litat matrimonial estan enumerades al Codi de dret canònic i són, bàsicament, les següents:

I. Quan un o ambdós esposos són incapaços per

causes de naturalesa psíquica, que poden ser:

Per no gaudir del suficient ús de raó; és a dir, que no poden saber i conèixer què és el matrimoni en el moment de contreure'l.

Per patir un greu defecte de discreció de judici sobre els drets i deures essencials del matrimoni. Un o ambdós esposos no van ser capaços de ponderar i valorar "el seu matrimoni". Inclou l'anomenada "immaduresa canònica" (immaduresa psicològica greu).

Per no poder assumir les obligacions essencials del matrimoni per causes de naturalesa psíquica. Si el que es compromet a quelcom no és capaç d'assumir o complir els compromisos essencials que configuren el matrimoni, el seu matrimoni no és vàlid.

II. Un altre bloc de nul·litats té el seu origen en l'exclusió o simulació:

El matrimoni canònic està dotat d'una sèrie de propietats i qualitats essencials que la persona que el contrau no pot excloure a voluntat. El contraent expressa davant de testimonis que accepta el matrimoni canònic amb totes les seves qualitats i propietats; però, contrau invàlidament si internament n'exclou alguna o algunes: la fidelitat, la indissolubilitat, la prole i la seva educació. En aquests casos es dona una simulació parcial.

Però si el que s'hi exclou és el matrimoni mateix, —vol no casar-se, per exemple—, llavors estem davant d'una exclusió o simulació total. Les simulacions són difícils de provar perquè es mouen en l'àmbit intern de la persona, en un acte de la voluntat que no sempre s'expressa exteriorment.

III. El consentiment pot estar també viciat per l'error, pel dol (o engany) i per la ignorància:

Error en la persona seria quan hom es casa amb una persona física distinta de la que pretenia, és a dir, amb una persona equivocada.

Error en la qualitat, quan aquesta persona no posseeix la o les qualitats per les quals ha decidit casar-se amb ella, ja que vol un marit o esposa amb aquelles qualitats determinades. Han de ser qualitats rellevants. La inexistència de les mateixes pot ignorar-se per desconeixement o per haver estat induït per mitjà d'engany per l'altre part, o una tercera persona. En aquest cas l'error s'anomena dolós, amb intenció d'enganyar.

En alguns casos, una part ha ocultat a l'altra alguna circumstància important: una malaltia, un fet esdevingut en el passat, etc. per així aconseguir el seu consentiment. Es tracta d'un dol (un engany) que també fa nul el matrimoni, quan l'altra persona no s'hauria casat de saber-ho.

També pot ser nul un matrimoni si un dels esposos contreu ignorant què és el matrimoni canònic o amb una mentalitat errònia sobre alguna de les seves propietats essencials; és a dir, sense saber a què es compromet. És molt estrany que això es doni, doncs a tots els contraents, en realitzar l'expedient matrimonial i en els cursos preparatoris, se'ls explica les qualitats i propietats del matrimoni canònic.

IV. És també nul el matrimoni contret per violència (psíquica o física) o per por greu, per deslliurar-se'n algú es vegi obligat a casar-se.

V. És nul el matrimoni celebrat sota condició de que quelcom es realitzi en el futur, que és aquell en el qual la voluntat d'un o d'ambdós subordina el naixement del vincle al compliment d'una circumstància o esdeveniment.

VI. Finalment, és nul el matrimoni celebrat amb defecte de forma: són vàlids aquells matrimonis que se celebren davant de l'Ordinari del lloc o del rector o d'un sacerdot o diaca delegat per un d'ells i davant de dos testimonis. O bé, amb un impediment que no es pot dispensar (per exemple: impotència sexual, parentiu en línia recta o primera col·lateral, etc.) o bé que, essent dispensable, no es va obtenir la dispensa (per exemple el matrimoni entre un batejat i un no batejat, no tenir l'edat canònica requerida).

L'Església ha reformat, recentment, el Codi de dret canònic a fi de facilitar i accelerar els procediments de nul·litat matrimonial canònica i les peticions d'aquestes nul·litats al Bisbat de Girona s'han incrementat durant el 2016 en gairebé un 100%.

Per a més informació, pregunti a un advocat

especialista en Dret Matrimonial Canònic que, per exemple, sigui membre de la Asociación Española de Canonistas (www.canonistas.org); com, per exemple, un advocat del Despatx Tulsà & Quintano Advocats (www.tulsaquintano.com).

#9. PERÒ, HAVENT-HI FILLS, ¿COM POT SER NUL EL MEU MATRIMONI?

No té res a veure que hi hagi fills amb que el matrimoni pugui ésser nul.

Els fills nascuts en un matrimoni que es declari nul, són considerats per l'Església fills legítims.

#10. I ¿QUINES DIFERÈNCIES HI HA ENTRE UNA NUL·LITAT I UN DIVORCI?

A la pràctica, poques. Si un matrimoni es declara nul, no haurà existit mai. I tal com ja hem dit, el divorci trenca el vincle matrimonial i, per tant, el matrimoni haurà existit fins al divorci.

#11. JA... I, CANVIANT DE TEMA, SI JO NO EM VULL SEPARAR, PUC EVITAR LA SEPARACIÓ?

No. La llei estableix que ningú pot obligar a la seva parella a mantenir un matrimoni.

#12. QUINES SÓN LES CAUSES DE SEPARACIÓ?

No n'hi ha. Des de fa més de 10 anys, concretament des del 2005, ja no cal acreditar cap causa per a sol·licitar la separació o el divorci. Només cal que hagin passat tres mesos des de la data de celebració del matrimoni. I cas que s'acrediti l'existència d'un risc per a la vida, la integritat física, la llibertat, la integritat moral o llibertat i indemnitat sexual del cònjuge demandant o dels fills d'ambdós o de qualsevol dels membres del matrimoni, ni tan sols serà necessari que transcorri aquell termini.

#13. I SI M'HA SIGUT INFIDEL?

La infidelitat no té cap incidència en la separació o el divorci.

#14. NOSALTRES, PERÒ, NO ESTEM CASATS. NO CAL QUE ENS DIVORCIEM, NO?

Si no estan casats, s'haurà d'extingir la parella estable que formen; cas que la llei els consideri una parella estable.

...Com? Nosaltres formem una parella estable?

Segons el Codi civil de Catalunya, formen una parella estable, si convivint en una comunitat de vida anàloga a la matrimonial:

I. La seva convivència ha durat més de 2 anys,

II. Durant aquella convivència, han tingut un fill comú, o

III. Han formalitzat la seva relació en escriptura pública.

... ¿Tot i que no hàgim formalitzat la nostra relació, se'ns considera una parella estable?

Si la seva convivència en una comunitat de vida anàloga a la matrimonial ha durat més de 2 anys o, durant aquella convivència, han tingut un fill comú, sí.

... I això té conseqüències?

Sí. Pràcticament les mateixes que si estiguessin casats: s'han de decidir gairebé les mateixes coses que si estiguessin casats.

... ¿Encara que no estiguem casats ens hem de separar formalment i hem de decidir les mateixes coses que si ho estiguéssim?

Sí, s'han de separar. Tècnicament, cal que extingeixin la parella estable que formaven.

I sí, s'han de decidir les mateixes coses que si estiguessin casats.

#15. SI MARXO DE CASA, ¿EM POT DENUNCIAR PER ABANDONAMENT DE LA LLAR?

No. Marxar de casa no és cap delicte, ningú el pot obligar a mantenir un matrimoni.

#16. SI MARXA, PUC CANVIAR EL PANY?

En principi no, el/la podrien denunciar per coaccions. Encara que hagi marxat, té el mateix dret que Vostè a viure a l'habitatge. Pregunti a un advocat especialitzat en Dret de Família; per exemple, un advocat del Despatx Tulsà & Quintano Advocats (www.tulsaquintano.com).

4. SEGON: ON I AMB QUI VIURAN ELS FILLS...

#17. AMB QUI HAN DE VIURE ELS FILLS?

Si és possible, amb tots dos progenitors.

Per a mi, el millor és que els fills passin el màxim temps possible amb cada un dels dos progenitors i, com a concepte, que continuïn fent, una vegada separats, el mateix que feien mentre convivien.

#18. I AIXÒ COM ES FA?

Li posaré un exemple una mica arquetípic. Imagini's una família amb una mare que treballi a una botiga, amb un horari, per exemple, de 10 a 13:30 i de 16:30 a 20:30, un pare que treballi a una fàbrica, amb un horari de 6 a 14, i tres fills. És lògic pensar que, aquella família, constant convivència, s'organitzés de la següent manera: al matí i atès que el pare estaria ja treballant, seria la mare la que llevaria els fills, els vestiria, els prepararia l'esmorzar i els portaria a l'escola; al migdia i si és el cas, els podria recollir de l'escola, els podria preparar i donar el dinar a casa i els podria tornar a l'escola; a la tarda i atès que la mare treballa, seria el pare el que recolliria els fills de l'escola, els prepararia el berenar, els ajudaria a fer els deures, els acompanyaria i recolliria de les diferents activitats extraescolars a les que estiguin apuntats, els banyaria i els prepararia i donaria el sopar; i quan la mare arribés de treballar, cap a les 21 hores, els acompanyaria a dormir. Oi?

Doncs la idea seria que, en la mesura del possible, aquella mare i aquell pare es continuessin repartint les responsabilitats i funcions parentals de la mateixa manera que se les repartien mentre convivien.

Això és, en definitiva, compartir la guarda. Això és una guarda compartida o conjunta.

#**19.** PERÒ ÉS QUE A MI M'HAN DIT QUE LA GUARDA COMPARTIDA CONSISTEIX EN QUE ELS FILLS ESTIGUIN UNA SETMANA AMB UN I UNA SETMANA AMB L'ALTRE. NO ÉS AIXÍ?

A veure, aquest règim d'estades, anomenat de setmanes alternes, és només un dels possibles règims que es pot pactar quan s'acorda una guarda compartida. I és que cal diferenciar el sistema de guarda, que pot ser compartida o no, del règim d'estades, que pot ser aquest que diu, de setmanes alternes, o algun altre. I cal tenir en compte que, encara que es pacti un sistema de guarda compartida, no cal que el temps d'estades es reparteixi al 50 %. Un sistema de guarda que reparteixi el temps d'estades al 60/40 % o, fins i tot, al 70/30%, també podria ésser considerat un sistema de guarda compartida.

Particularment, el règim d'estades de setmanes alternes no és el règim que més m'agrada, perquè, de fet, amb aquest règim d'estades, de relacions, de comunicacions, els progenitors no comparteixen res: mentre els fills estan tota una setmana amb la mare, el pare no apareix ni un sol segon, i, quan els fills estan amb el pare, la mare tampoc apareix. Més que una guarda compartida, es tracta d'una guarda exclusiva per setmanes alternes.

El que cal és, fugint de règims d'estades estereotipats, pactar el règim d'estades que més beneficiï als fills. Cal que els facin un "vestit a mida".

... Per tant, la guarda compartida és...

El Codi civil de Catalunya no utilitza aquesta expressió. El Codi civil de Catalunya parla d'exercir la guarda conjuntament, atenint-se al caràcter conjunt de les responsabilitats parentals; és a dir, exercir conjuntament les responsabilitats parentals.

#20. I ¿QUINES SÓN LES RESPONSABILITATS PARENTALS?

Resumidament, tenir cura dels fills, prestar-los

aliments en el sentit més ampli, conviure-hi, educar-los i proporcionar-los una formació integral. Els progenitors també teniu el deure d'administrar el patrimoni dels fills i de representar-los.

I això es concreta en les mil coses que tots els pares feu, fem, al llarg de cada dia: llevar els fills, endreçar-los, vestir-los, preparar-los l'esmorzar, ensenyar-los a recollir la taula on s'ha esmorzat, acompanyar-los a l'escola i un llarguíssim etcètera que no cap a aquest llibret.

La manera en què ambdós progenitors exercireu les responsabilitats parentals l'haureu de concretar al pla de parentalitat.

#21. PLA DE PARENTALITAT?

Sí, és l'instrument que contindrà els compromisos que assumireu respecte a la guarda, la cura i l'educació dels fills.

Al pla de parentalitat hi hauran de constar els següents 8 aspectes:

PRIMER: el lloc o els llocs on viuran els fills habitualment. S'hi han d'incloure regles que permetin determinar a quin progenitor correspon la guarda en cada moment.

SEGON: les tasques de les quals s'ha de responsabilitzar cada progenitor amb relació a les activitats quotidianes dels fills.

TERCER: la manera com s'han de fer els canvis en la guarda i, si escau, com s'han de repartir els costos que generin.

QUART: el règim de relació i de comunicació amb els fills durant els períodes en què un progenitor no els tingui amb ell.

CINQUÈ: el règim d'estades dels fills amb cadascun dels progenitors en períodes de vacances i en dates especialment assenyalades per als fills, per als progenitors o per a llur família.

SISÈ: el tipus d'educació i les activitats extraescolars, formatives i de lleure, si escau.

SETÈ: la manera de complir el deure de compartir tota la informació sobre l'educació, la salut i el benestar dels fills.

I VUITÈ: la manera de prendre les decisions relatives al canvi de domicili i a altres qüestions rellevants per als fills.

A més, el pla de parentalitat pot preveure la possibilitat de recórrer a la mediació familiar per a resoldre les diferències derivades de l'aplicació del pla, o la conveniència de modificar-ne el contingut per a adaptar-lo a les necessitats de les diferents etapes de la vida dels fills.

#22. I, PER CERT, ELS FILLS, ¿A QUINA EDAT PODEN

DECIDIR AMB QUI VIURE?

A veure, la llei diu que els fills majors de 12 anys, o els menors d'aquella edat si són prou madurs, han d'ésser escoltats pel Jutjat; però això no vol dir que puguin decidir amb qui viuran. Se'ls ha d'escoltar, però la seva opinió serà un element més a l'hora de decidir amb qui han de viure.

Si els fills tenen 16 anys, però, sí que podrien començar a decidir; ja que, a aquella edat, fins i tot es podrien emancipar (és a dir, alliberar-se de la potestat parental abans d'obtenir la majoria d'edat).

#23. I MENTRE NO ENS POSEM D'ACORD O NO ES DICTI UNA SENTÈNCIA, ELS FILLS AMB QUI ESTARAN?

Doncs poden estar amb tots dos, sense cap tipus de limitació, regles, règim, etc.

5. Tercer: Qui exercirà la potestat sobre els fills...

#24. ¿Qui decidirà les qüestions més importants en la vida dels fills?

Les decisions més importants, és a dir, on viuran, a quina escola aniran, etc., les haureu de prendre conjuntament; ja que normalment, la potestat parental sota la que estan els fills menors s'exerceix i s'exercirà, malgrat la separació, conjuntament. I si no es posen d'acord, les haurà de decidir un Jutge.

Les de caràcter ordinari, les decidirà qui, en el moment que s'hagin de decidir, estigui amb els fills.

6. QUART: COM ES PAGARAN LES DESPESES DELS FILLS...

#25. M'HAN DIT QUE M'HAURÀ DE PAGAR UNA PENSIÓ D'ALIMENTS...

Depèn. Si s'acorda que els fills conviuran habitualment amb Vostè, és a dir, que Vostè en serà el/la guardador/a habitual, i el temps d'estada dels fills amb Vostè serà molt superior al temps d'estada amb l'altre progenitor, probablement, s'haurà de pactar que li aboni una pensió d'aliments.

#26. QUÈ INCLOUEN ELS ALIMENTS?

Bàsicament, tot el que és indispensable per al manteniment, l'habitatge, el vestit, l'assistència mèdica i la formació dels fills.

#27. I COM ES CALCULA LA PENSIÓ D'ALIMENTS?

Per a calcular la pensió d'aliments cal, en primer lloc,

EM SEPARO*, QUÈ HE DE FER?

determinar les despeses dels fills. En segon lloc, s'ha de determinar la capacitat econòmica dels progenitors; ja que aquelles despeses s'hauran de pagar en proporció a la capacitat econòmica de cada progenitor. I, finalment, s'haurà de tenir en compte el temps de permanència, d'estada, dels menors amb cadascun dels progenitors i les despeses que cadascun dels progenitors hagi assumit pagar directament.

I això independentment del sistema d'exercir la guarda que s'acordi; compartit o exclusiu.

El que passa és que, mentre que si, tal com hem comentat a la pregunta 25, la guarda s'atribueix a un dels progenitors, se sol acordar una pensió d'aliments a abonar pel progenitor no guardador al progenitor guardador, si es fixa una guarda compartida, se sol pactar l'obertura d'un compte bancari de titularitat conjunta i disposició indistinta en el que es domiciliaran totes les despeses domiciliables dels fills i al que ambdós progenitors ingressaran una quantitat a fi de cobrir-les en proporció a la capacitat econòmica d'un i altre i tenint en compte el temps de permanència dels menors amb cadascun dels progenitors (ja que, recordem-ho, encara que es fixi una guarda compartida, no cal que el temps d'estada amb els fills es reparteixi al 50 %) i les despeses que cadascun dels progenitors hagi assumit pagar directament.

#28. PERÒ JO NO SÉ QUÈ COBRA... ¿PUC OBRIR EL

SEU CORREU PER A SABER QUÈ COBRA?

No, és un delicte. El correu és secret.

... ¿I accedir al seu ordinador per a obtenir alguna informació rellevant per al divorci?

Si l'ordinador personal és seu, tampoc.

#29. ¿M'HAN DIT QUE HI HA UNES TAULES PER A FIXAR-LA?

A veure, per a fixar la pensió d'aliments s'ha de fer el que li he explicat abans. Al Codi civil de Catalunya no s'hi inclou cap taula per a determinar la pensió d'aliments.

És cert, però, que hi ha alguns advocats i jutges que han elaborat alguns programes informàtics o aplicacions que, tenint en compte les depeses dels fills i la capacitat econòmica de cada progenitor, calculen la quantia a fixar.

I és cert, també, que el Consejo General del Poder Judicial va elaborar, el juliol de 2013, unes taules orientatives per a determinar-la i ha publicat, al seu web, una aplicació informàtica on line de les taules per a realitzar els càlculs de cada cas de forma senzilla. Aquestes taules, però, no tenen en compte les despeses més importants que tenen els fills: l'escola i l'habitatge. I és evident que una aplicació que no té en compte aquestes dues despeses, no és un bon sistema per a determinar la pensió d'aliments. A més, cal insistir en que són unes taules orientatives.

#30. ¿FINS QUAN S'HA DE PAGAR LA PENSIÓ D'ALIMENTS? FINS ALS 18 ANYS?

No. Fins que els fills tinguin independència econòmica o fins que s'acrediti que no aprofiten suficientment els estudis.

#31. M'HAN DIT QUE, SI ES FA UNA GUARDA COMPARTIDA PER SETMANES ALTERNES, CADA UN PAGA LES DESPESES DELS FILLS MENTRE ESTAN AMB ELLS. ÉS AIXÍ?

No és així. Cada un ha de pagar la part de les despeses dels fills que li correspongui pagar segons la seva capacitat econòmica. Per entendre'ns, si Vostè cobra 1.000 € mensuals i la seva parella cobra 2.000 € mensuals, Vostè haurà de pagar una part de les despeses dels seus fills i la seva parella dues parts. I això, independentment del sistema de guarda que s'acordi i del concret règim d'estades que es pacti; tot i que s'haurà de tenir en compte el temps de permanència dels menors amb cadascun de Vostès i les despeses que cada un hagi decidit assumir directament.

#32. I SI ES PRODUEIXEN DESPESES IMPREVISTES?

Les despeses imprevisibles, necessàries i no periòdiques s'anomenen despeses extraordinàries; en contraposició a les despeses ordinàries, que són les despeses de manteniment, habitatge, vestit, assistència mèdica i formació dels fills.

Si es produeixen, aquestes despeses s'hauran de pagar de la mateixa manera que es paguen totes les altres despeses dels fills: en proporció a la capacitat dels progenitors.

7. CINQUÈ: QUI USARÀ L'HABITATGE FAMILIAR...

#33. DURANT EL PROCEDIMENT DE DIVORCI, ¿ES DISCUTIRÀ LA PROPIETAT DE L'HABITATGE?

En principi, no, només es discutirà qui hi viurà.

Ara bé, es pot aprofitar el procediment de divorci per a dividir la cosa comuna que tinguin en copropietat; que pot estar formada, per exemple, per l'habitatge familiar. Per a més informació, llegeixi la pregunta 44 i següents.

#34. I QUI HI VIURÀ?

Si no es posen d'acord, normalment hi viurà qui visqui habitualment amb els fills; és a dir, a qui s'atribueixi la seva guarda.

#35. I SI S'ACORDA UNA GUARDA COMPARTIDA?

Si s'acorda que els fills visquin amb tots dos, l'ús de

l'habitatge s'atribuirà temporalment a qui en tingui més necessitat.

#36. I SI ELS FILLS JA SÓN MAJORS D'EDAT?

Tant si els seus fills són, ja, majors d'edat i tenen independència econòmica com si no tenen fills, l'ús de l'habitatge familiar s'atribuirà temporalment a qui en tingui més necessitat.

#37. ¿HAIG DE CONTINUAR PAGANT LA HIPOTECA SI NO VISC A L'HABITATGE FAMILIAR?

Si consta com a deutor a l'escriptura pública d'hipoteca, sí.

Tingui en compte, però, que l'atribució de l'ús de l'habitatge, si aquest pertany en tot o en part a qui no n'és beneficiari, s'ha de ponderar com a contribució en espècie per a la fixació dels aliments dels fills i de la prestació compensatòria que eventualment meriti el beneficiari.

#38. I SI HI PORTA A VIURE A UNA NOVA PARELLA?

Sí, també. En aquest cas, però, s'haurà produït una alteració substancial de les circumstàncies (de les que parlarem més endavant) i es podria modificar la Sentència de divorci. Pregunti a un advocat especialitzat en Dret de Família; com, per exemple, els del Despatx Tulsà & Quintano Advocats (www.tulsaquintano.com).

#39. I QUI PAGARÀ L'IBI?

El que visqui a l'habitatge familiar; encara que sigui de tots dos.

I no només l'IBI. La llei diu que les despeses ordinàries de conservació, manteniment i reparació de l'habitatge, incloses també les pròpies de comunitat i subministraments, i els tributs i les taxes de meritació, anual són a càrrec del beneficiari del dret d'ús.

#40. I SI EL PIS ON VIVIM ÉS DE LLOGUER?

Si el contracte de lloguer està a nom de qui marxa del pis, caldrà que, qui es quedi, comuniqui al propietari que, com a conseqüència de la separació i a partir de llavors, viurà al pis.

8. SISÈ: PRESTACIÓ COMPENSATÒRIA O ALIMENTÀRIA I COMPENSACIÓ ECONÒMICA PER RAÓ DE TREBALL...

#41. I A MI NO M'HA DE PAGAR CAP PENSIÓ?

Depèn. El cònjuge la situació econòmica del qual, com a conseqüència de la ruptura de la convivència, resulti més perjudicada, té dret a sol·licitar en el primer procés matrimonial una prestació compensatòria que no excedeixi el nivell de vida de què gaudia durant el matrimoni ni el que pugui mantenir el cònjuge obligat al pagament, tenint en compte el dret d'aliments dels fills, que és prioritari. Aquesta prestació tindrà, normalment, caràcter temporal. I tingui en compte que la fixació d'una prestació compensatòria, i la seva quantia, té efectes en relació a la percepció d'una possible pensió de viduïtat futura. Pregunti a un advocat especialitzat en Dret de Família; per exemple, un advocat del Despatx Tulsà & Quintano Advocats (www.tulsaquintano.com).

En cas de nul·litat del matrimoni, hi té dret el cònjuge de bona fe, en les mateixes circumstàncies.

En cas de parelles estables, parlem d'una prestació alimentària.

#42. I ¿QUÈ S'HAURÀ DE TENIR EN COMPTE PER A FIXAR-LA?

Per a fixar la quantia i la durada de la prestació compensatòria, s'han de valorar especialment 5 aspectes:

PRIMER: la posició econòmica dels cònjuges, tenint en compte, si escau, la compensació econòmica per raó de treball o les previsibles atribucions derivades de la liquidació del règim econòmic matrimonial.

SEGON: la realització de tasques familiars o altres decisions preses en interès de la família durant la convivència, si això ha minvat la capacitat d'un dels cònjuges d'obtenir ingressos.

TERCER: les perspectives econòmiques previsibles dels cònjuges, tenint en compte llur edat i estat de salut i la manera com s'atribueix la guarda dels fills comuns.

QUART: la durada de la convivència.

I CINQUÈ: les noves despeses familiars del deutor, si escau.

#43. QUAN VÀREM TENIR ELS FILLS VAIG DEIXAR LA FEINA I M'HE DEDICAT TOTA LA VIDA A LA FAMÍLIA. A

MI NO EM TOCA RES?

En el règim de separació de béns, si un cònjuge ha treballat per a la casa substancialment més que l'altre, té dret a una compensació econòmica per aquesta dedicació sempre que en el moment de l'extinció del règim per separació, divorci, nul·litat o mort d'un dels cònjuges o, si s'escau, del cessament efectiu de la convivència, l'altre hagi obtingut un increment patrimonial superior d'acord amb el que estableix el Codi civil de Catalunya. Així mateix, té dret a compensació, en els mateixos anteriors termes, el cònjuge que ha treballat per a l'altre sense retribució o amb una retribució insuficient.

I d'igual manera si sou una parella de fet.

9. SETÈ: COM ES LIQUIDARÀ EL RÈGIM ECONÒMIC MATRIMONIAL I COM ES DIVIDIRAN ELS BÉNS COMUNS...

#44. I ¿NO PODEM REPARTIR-NOS LES PROPIETATS QUE TENIM EN COMÚ?

Sí. Es pot aprofitar el divorci per a dividir la cosa comuna, per a repartir-se les propietats que tinguin en comú, i així aprofitar algun avantatge fiscal.

#45. SOM COTITULARS D'UNS COMPTES CONJUNTS I COPROPIETARIS DE L'HABITATGE FAMILIAR, QUE ESTÀ HIPOTECAT...

Pel que fa als comptes, tingui present que els saldos que hi hagi dipositats són propietat d'aquell que els hagi dipositat, no dels cotitulars al 50 % pel fet de ser cotitulars. És a dir, si a un compte només s'hi ingressa la seva nòmina, encara que hi hagi dos cotitulars, el saldo és enterament de Vostè.

I pel que fa a l'habitatge familiar, per exemple es

podria pactar que un es quedés l'habitatge assumint el pagament de tota la hipoteca.

#46. I QUI ES QUEDARÀ AMB EL COTXE?

Encara que estigui inscrit només a nom d'un, es presumeix que el cotxe és dels dos. S'hauran de posar d'acord.

#47. I AMB ELS MOBLES, ELECTRODOMÈSTICS, ETC.?

Exactament el mateix. Els mobles i electrodomèstics es presumeixen de tots dos.

10. I PER ÚLTIM: 3 PREGUNTES MÉS...

#48. TOT AIXÒ QUE PACTEM, ES PODRÀ CANVIAR?

Sí, el que pactin es podria modificar sempre que s'alterin substancialment les circumstàncies actuals o que, el que pactin, es demostri o esdevingui perjudicial per als menors.

#49. I SI EXISTEIXEN SITUACIONS DE VIOLÈNCIA, QUÈ CAL FER?

Si hi ha situacions de violència, cal que s'adreci a un especialista en aquesta qüestió, cal que vagi a veure a un advocat que hagi assistit al curs d'especialització per a la intervenció lletrada en matèria de violència de gènere; per exemple, un advocat del Despatx Tulsà & Quintano Advocats (<u>www.tulsaquintano.com</u>).

#50. I, TOT AIXÒ, QUÈ EM COSTARÀ?

El cost d'un divorci pot variar depenent de la seva

complexitat, del grau d'especialització requerit, dels acords als que s'arribin o es fixin i de les seves conseqüències econòmiques, dels temps esmerçat, de la urgència, del tipus de procediment (de mutu acord o contenciós), del resultat obtingut, etcètera. El meu consell és que, abans d'encomanar l'assumpte a l'advocat, demani pressupost i pacti la forma de pagament.

I no es fiï de les ofertes irreals: un divorci no pot costar 200 o 300 €; tal com moltes vegades s'anuncia per internet.